Sylvic, Avril 2015

FOLIO CADET

D1252777

Bibliothèque scolaire,
École Victor Thérien,
B05 - 43e ave., Lachine.

Supplément réalisé avec la collaboration
de Dominique Boutel et Anne Panzani

ISBN : 2-07-052127-3
© Éditions Gallimard Jeunesse, 1995,
pour les illustrations et le supplément
© Éditions Gallimard Jeunesse, 1998, pour la présente édition
Loi n° 49-956 du 16 juillet 1949 sur les publications
destinées à la jeunesse
Numéro d'édition : 86520
Premier dépôt légal : février 1995
Dépôt légal : juillet 1998
Imprimé en Italie par La Editoriale Libraria

Fables
Jean de La Fontaine

UN CHOIX DE
QUARANTE-DEUX FABLES
ILLUSTRÉES PAR
ROLAND ET CLAUDINE SABATIER

GALLIMARD

LA CIGALE ET LA FOURMI

La Cigale, ayant chanté
    Tout l'Été,
Se trouva fort dépourvue
Quand la Bise fut venue.
Pas un seul petit morceau
De mouche ou de vermisseau.
Elle alla crier famine
Chez la Fourmi sa voisine,
La priant de lui prêter
Quelque grain pour subsister
Jusqu'à la saison nouvelle.
« Je vous paierai, lui dit-elle,
Avant l'Août, foi d'animal,
Intérêt et principal. »
La Fourmi n'est pas prêteuse :
C'est là son moindre défaut.
« Que faisiez-vous au temps chaud ?

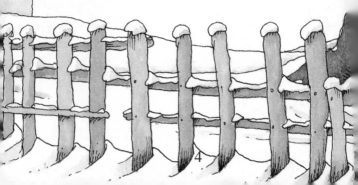

4

Dit-elle à cette emprunteuse.
– Nuit et jour à tout venant
Je chantais, ne vous déplaise.
– Vous chantiez ? j'en suis fort aise :
Eh bien ! dansez maintenant. »

LE CORBEAU ET LE RENARD

Maître Corbeau, sur un arbre perché,
Tenait en son bec un fromage.
Maître Renard, par l'odeur alléché,
Lui tint à peu près ce langage :
« Hé bonjour, Monsieur du Corbeau.
Que vous êtes joli ! que vous me semblez beau !
Sans mentir, si votre ramage
Se rapporte à votre plumage,
Vous êtes le Phénix des hôtes de ces Bois. »
A ces mots le Corbeau ne se sent pas de joie :
Et pour montrer sa belle voix,
Il ouvre un large bec, laisse tomber sa proie.
Le Renard s'en saisit, et dit : « Mon bon Monsieur,
Apprenez que tout flatteur
Vit aux dépens de celui qui l'écoute.
Cette leçon vaut bien un fromage sans doute. »
Le Corbeau honteux et confus
Jura, mais un peu tard, qu'on ne l'y prendrait plus.

La Grenouille qui se veut faire aussi grosse que le Bœuf

Une Grenouille vit un Bœuf
Qui lui sembla de belle taille.
Elle qui n'était pas grosse en tout comme un œuf,
Envieuse s'étend, et s'enfle, et se travaille
Pour égaler l'animal en grosseur,
Disant : « Regardez bien, ma sœur,
Est-ce assez ? dites-moi : n'y suis-je point encor ?
– Nenni. – M'y voici donc ? – Point du tout. – M'y voilà ?
– Vous n'en approchez point. » La chétive pécore
S'enfla si bien qu'elle creva.
Le monde est plein de gens qui ne sont pas plus sages :
Tout Bourgeois veut bâtir comme les grands Seigneurs,
Tout petit Prince a des Ambassadeurs,
Tout Marquis veut avoir des Pages.

8

LE LOUP ET LE CHIEN

Un Loup n'avait que les os et la peau ;
Tant les Chiens faisaient bonne garde.
Ce Loup rencontre un Dogue aussi puissant
que beau,
Gras, poli, qui s'était fourvoyé par mégarde.
L'attaquer, le mettre en quartiers,
Sire Loup l'eût fait volontiers.
Mais il fallait livrer bataille ;
Et le Mâtin était de taille
A se défendre hardiment.
Le Loup donc l'aborde humblement,
Entre en propos, et lui fait compliment
Sur son embonpoint qu'il admire.
« Il ne tiendra qu'à vous, beau Sire,
D'être aussi gras que moi, lui repartit le Chien.
Quittez les bois, vous ferez bien :
Vos pareils y sont misérables,
Cancres, haires, et pauvres diables,
Dont la condition est de mourir de faim.
Car quoi ? Rien d'assuré ; point de franche lippée ;
Tout à la pointe de l'épée.
Suivez-moi ; vous aurez un bien meilleur destin. »
Le Loup reprit : « Que me faudra-t-il faire ?

– Presque rien, dit le Chien ; donner la chasse aux gens
        Portant bâtons, et mendiants ;
Flatter ceux du logis, à son Maître complaire ;
        Moyennant quoi votre salaire
Sera force reliefs de toutes les façons :
        Os de poulets, os de pigeons ;
        Sans parler de mainte caresse. »
Le Loup déjà se forge une félicité
        Qui le fait pleurer de tendresse.
Chemin faisant il vit le col du Chien pelé :
« Qu'est-ce là ? lui dit-il. – Rien. – Quoi ? rien ?
                      – Peu de chose.
– Mais encor ? – Le collier dont je suis attaché.
De ce que vous voyez est peut-être la cause.
– Attaché ? dit le Loup ; vous ne courez donc pas
Où vous voulez ? – Pas toujours, mais qu'importe ?
– Il importe si bien, que de tous vos repas
        Je ne veux en aucune sorte,
Et ne voudrais pas même à ce prix un trésor. »
Cela dit, maître Loup s'enfuit, et court encor.

LE RAT DE VILLE ET LE RAT DES CHAMPS

Autrefois le Rat de ville
Invita le Rat des champs,
D'une façon fort civile,
A des reliefs d'Ortolans.

Sur un tapis de Turquie
Le couvert se trouva mis :
Je laisse à penser la vie
Que firent ces deux amis.

Le régal fut fort honnête,
Rien ne manquait au festin ;
Mais quelqu'un troubla la fête,
Pendant qu'ils étaient en train.

A la porte de la Salle
Ils entendirent du bruit ;
Le Rat de ville détale,
Son camarade le suit.

Le bruit cesse, on se retire :
Rats en campagne aussitôt ;
Et le citadin de dire :
« Achevons tout notre rôt.

– C'est assez, dit le Rustique ;
Demain vous viendrez chez moi ;
Ce n'est pas que je me pique
De tous vos festins de Roi.
Mais rien ne vient m'interrompre ;
Je mange tout à loisir.
Adieu donc ; fi du plaisir
Que la crainte peut corrompre. »

LE LOUP ET L'AGNEAU

La raison du plus fort est toujours la meilleure ;
     Nous l'allons montrer tout à l'heure.
     Un Agneau se désaltérait
     Dans le courant d'une onde pure.
Un Loup survient à jeun qui cherchait aventure,
     Et que la faim en ces lieux attirait.
« Qui te rend si hardi de troubler mon breuvage ?
     Dit cet animal plein de rage ;
     Tu seras châtié de ta témérité.
– Sire, répond l'Agneau, que votre Majesté
     Ne se mette pas en colère ;
     Mais plutôt qu'elle considère
     Que je me vas désaltérant
     Dans le courant,
     Plus de vingt pas au-dessous d'Elle,
Et que par conséquent en aucune façon,
     Je ne puis troubler sa boisson.
– Tu la troubles, reprit cette bête cruelle,
Et je sais que de moi tu médis l'an passé.
– Comment l'aurais-je fait, si je n'étais pas né ?
     Reprit l'Agneau ; je tette encor ma mère.

– Si ce n'est toi, c'est donc ton frère.
– Je n'en ai point. – C'est donc quelqu'un des tiens :
   Car vous ne m'épargnez guère,
   Vous, vos Bergers, et vos Chiens.
   On me l'a dit : il faut que je me venge. »
Là-dessus au fond des forêts
Le Loup l'emporte, et puis le mange
Sans autre forme de procès.

LA MORT ET LE BÛCHERON

Un pauvre Bûcheron tout couvert de ramée,
Sous le faix du fagot aussi bien que des ans
Gémissant et courbé marchait à pas pesants,
Et tâchait de gagner sa chaumine enfumée.
Enfin, n'en pouvant plus d'effort et de douleur,
Il met bas son fagot, il songe à son malheur :
Quel plaisir a-t-il eu depuis qu'il est au monde ?
En est-il un plus pauvre en la machine ronde ?
Point de pain quelquefois, et jamais de repos.
Sa femme, ses enfants, les soldats, les impôts,
      Le créancier, et la corvée
Lui font d'un malheureux la peinture achevée.
Il appelle la Mort ; elle vient sans tarder,
      Lui demande ce qu'il faut faire.
      « C'est, dit-il, afin de m'aider
A recharger ce bois ; tu ne tarderas guère. »
      Le trépas vient tout guérir ;
      Mais ne bougeons d'où nous sommes :
      Plutôt souffrir que mourir,
      C'est la devise des hommes.

17

LE RENARD ET LA CIGOGNE

Compère le Renard se mit un jour en frais,
Et retint à dîner commère la Cigogne.
Le régal fut petit, et sans beaucoup d'apprêts :
    Le Galant pour toute besogne
Avait un brouet clair (il vivait chichement).
Ce brouet fut par lui servi sur une assiette.
La Cigogne au long bec n'en put attraper miette ;
Et le Drôle eut lapé le tout en un moment.
    Pour se venger de cette tromperie,
A quelque temps de là, la Cigogne le prie :
« Volontiers, lui dit-il, car avec mes amis
    Je ne fais point cérémonie. »
    A l'heure dite il courut au logis
    De la Cigogne son hôtesse ;
    Loua très fort sa politesse,
    Trouva le dîner cuit à point.
Bon appétit surtout ; Renards n'en manquent point.
Il se réjouissait à l'odeur de la viande
Mise en menus morceaux, et qu'il croyait friande.
    On servit pour l'embarrasser
En un vase à long col et d'étroite embouchure.
Le bec de la Cigogne y pouvait bien passer,

Mais le museau du Sire était d'autre mesure.
Il lui fallut à jeun retourner au logis,
Honteux comme un Renard qu'une Poule aurait pris,
    Serrant la queue, et portant bas l'oreille.
    Trompeurs, c'est pour vous que j'écris :
    Attendez-vous à la pareille.

LE CHÊNE ET LE ROSEAU

Le Chêne un jour dit au Roseau :
« Vous avez bien sujet d'accuser la Nature ;
Un Roitelet pour vous est un pesant fardeau.
Le moindre vent qui d'aventure
Fait rider la face de l'eau,
Vous oblige à baisser la tête :
Cependant que mon front, au Caucase pareil,
Non content d'arrêter les rayons du Soleil,
Brave l'effort de la tempête.
Tout vous est Aquilon ; tout me semble Zéphir.
Encor si vous naissiez à l'abri du feuillage
Dont je couvre le voisinage ;
Vous n'auriez pas tant à souffrir :
Je vous défendrais de l'orage ;
Mais vous naissez le plus souvent
Sur les humides bords des Royaumes du vent.
La Nature envers vous me semble bien injuste.
– Votre compassion, lui répondit l'Arbuste,
Part d'un bon naturel ; mais quittez ce souci.
Les vents me sont moins qu'à vous redoutables.
Je plie et ne romps pas. Vous avez jusqu'ici
Contre leurs coups épouvantables

Résisté sans courber le dos ;
Mais attendons la fin. » Comme il disait ces mots
Du bout de l'horizon accourt avec furie
        Le plus terrible des enfants
Que le Nord eût portés jusque-là dans ses flancs.
        L'Arbre tient bon ; le Roseau plie :
        Le vent redouble ses efforts,
        Et fait si bien qu'il déracine
Celui de qui la tête au Ciel était voisine,
Et dont les pieds touchaient à l'empire des morts.

CONSEIL TENU PAR LES RATS

Un Chat nommé Rodilardus
Faisait de Rats telle déconfiture
Que l'on n'en voyait presque plus,
Tant il en avait mis dedans la sépulture.
Le peu qu'il en restait, n'osant quitter son trou,
Ne trouvait à manger que le quart de son soû ;
Et Rodilard passait, chez la Gent misérable,
Non pour un Chat, mais pour un Diable.
Or un jour qu'au haut et au loin
Le Galant alla chercher femme,
Pendant tout le sabbat qu'il fit avec sa Dame,
Le demeurant des Rats tint Chapitre en un coin
Sur la nécessité présente.
Dès l'abord leur Doyen, personne fort prudente,
Opina qu'il fallait, et plus tôt que plus tard,
Attacher un grelot au cou de Rodilard ;
Qu'ainsi, quand il irait en guerre,
De sa marche avertis ils s'enfuiraient sous terre :
Qu'il n'y savait que ce moyen.
Chacun fut de l'avis de Monsieur le Doyen ;
Chose ne leur parut à tous plus salutaire.
La difficulté fut d'attacher le grelot.

L'un dit : « Je n'y vas point, je ne suis pas si sot » ;
L'autre : « Je ne saurais. » Si bien que sans rien faire
    On se quitta. J'ai maints Chapitres vus,
    Qui pour néant se sont ainsi tenus :
Chapitres non de Rats, mais Chapitres de Moines,
    Voire Chapitres de Chanoines.
    Ne faut-il que délibérer,
    La Cour en Conseillers foisonne ;
    Est-il besoin d'exécuter,
    L'on ne rencontre plus personne.

LE LION ET LE MOUCHERON

« Va-t'en, chétif Insecte, excrément de la terre. »
      C'est en ces mots que le Lion
      Parlait un jour au Moucheron.
      L'autre lui déclara la guerre.
« Penses-tu, lui dit-il, que ton titre de Roi
      Me fasse peur, ni me soucie ?
      Un Bœuf est plus puissant que toi,
      Je le mène à ma fantaisie. »
      A peine il achevait ces mots
      Que lui-même il sonna la charge,
      Fut le Trompette et le Héros.
      Dans l'abord il se met au large,
      Puis prend son temps, fond sur le cou
      Du Lion, qu'il rend presque fou.
Le Quadrupède écume, et son œil étincelle ;
Il rugit ; on se cache, on tremble à l'environ ;
      Et cette alarme universelle
      Est l'ouvrage d'un Moucheron.
Un avorton de Mouche en cent lieux le harcelle
Tantôt pique l'échine, et tantôt le museau,
      Tantôt entre au fond du naseau.
La rage alors se trouve à son faîte montée.

L'invisible ennemi triomphe, et rit
de voir
Qu'il n'est griffe ni dent en la Bête
irritée
Qui de la mettre en sang ne fasse son
devoir.
Le malheureux Lion se déchire lui-même,
Fait résonner sa queue à l'entour de ses flancs,
Bat l'air qui n'en peut mais, et sa fureur extrême
Le fatigue, l'abat ; le voilà sur les dents.
L'Insecte du combat se retire avec gloire :
Comme il sonna la charge, il sonne la victoire,
Va partout l'annoncer, et rencontre en chemin
L'embuscade d'une Araignée ;
Il y rencontre aussi sa fin.
Quelle chose par là nous peut être enseignée ?
J'en vois deux, dont l'une est qu'entre nos ennemis
Les plus à craindre sont souvent les plus petits ;
L'autre, qu'aux grands périls tel a pu se soustraire,
Qui périt pour la moindre affaire.

L'Ane chargé d'éponges, et l'Ane chargé de sel

Un Anier, son sceptre à la main,
Menait, en Empereur romain,
Deux Coursiers à longues oreilles.
L'un d'Éponges chargé marchait comme un Courrier ;
Et l'autre se faisant prier
Portait, comme on dit, les bouteilles :
Sa charge était de Sel. Nos gaillards Pèlerins,
Par monts, par vaux, et par chemins,
Au gué d'une Rivière à la fin arrivèrent,
Et fort empêchés se trouvèrent.
L'Anier qui tous les jours traversait ce gué-là
Sur l'Ane à l'Éponge monta,
Chassant devant lui l'autre Bête,
Qui voulant en faire à sa tête,
Dans un trou se précipita,
Revint sur l'eau, puis échappa :
Car au bout de quelques nagées,

26

Tout son sel se fondit si bien
Que le Baudet ne sentit rien
Sur ses épaules soulagées.
Camarade Épongier prit exemple sur lui,
Comme un Mouton qui va dessus la foi d'autrui.
Voilà mon Ane à l'eau : jusqu'au col il se plonge,
Lui, le Conducteur, et l'Éponge.
Tous trois burent d'autant : l'Anier et le Grison
Firent à l'Éponge raison.
Celle-ci devint si pesante,
Et de tant d'eau s'emplit d'abord,
Que l'Ane succombant ne put gagner le bord.
L'Anier l'embrassait dans l'attente
D'une prompte et certaine mort.
Quelqu'un vint au secours : qui ce fut, il n'importe ;
C'est assez qu'on ait vu par là qu'il ne faut point
Agir chacun de même sorte.
J'en voulais venir à ce point.

LE LION ET LE RAT

Il faut, autant qu'on peut, obliger tout le monde :
On a souvent besoin d'un plus petit que soi.
De cette vérité deux Fables[1] feront foi,
     Tant la chose en preuves abonde.

     Entre les pattes d'un Lion,
Un Rat sortit de terre assez à l'étourdie :
Le Roi des animaux, en cette occasion,
Montra ce qu'il était, et lui donna la vie.
     Ce bienfait ne fut pas perdu.
     Quelqu'un aurait-il jamais cru
     Qu'un Lion d'un Rat eût affaire ?
Cependant il avint qu'au sortir des forêts
     Le Lion fut pris dans des rets,
Dont ses rugissements ne le purent défaire.
Sire Rat accourut, et fit tant par ses dents
Qu'une maille rongée emporta tout l'ouvrage.
     Patience et longueur de temps
     Font plus que force ni que rage.

1. Voir La Colombe et la Fourmi page 30

LA COLOMBE ET LA FOURMI

L'autre exemple est tiré d'Animaux plus petits.
Le long d'un clair ruisseau buvait une Colombe,
Quand sur l'eau se penchant une Fourmi y tombe ;
Et dans cet Océan l'on eût vu la Fourmi
S'efforcer, mais en vain, de regagner la rive.
La Colombe aussitôt usa de charité ;
Un brin d'herbe dans l'eau par elle étant jeté,
Ce fut un promontoire où la Fourmi arrive.
      Elle se sauve ; et là-dessus
Passe un certain Croquant qui marchait les pieds nus.
Ce Croquant par hasard avait une arbalète ;
      Dès qu'il voit l'Oiseau de Vénus,
Il le croit en son pot, et déjà lui fait fête.
Tandis qu'à le tuer mon Villageois s'apprête,
      La Fourmi le pique au talon.
      Le Vilain retourne la tête.
La Colombe l'entend, part, et tire de long.
      Le soupé du Croquant avec elle
          s'envole :
      Point de Pigeon pour une obole.

LE LOUP ET LA CIGOGNE

Les Loups mangent gloutonnement.
Un Loup donc étant de frairie,
Se pressa, dit-on, tellement
Qu'il en pensa perdre la vie.
Un os lui demeura bien avant au gosier.
De bonheur pour ce Loup, qui ne pouvait crier,
Près de là passe une Cigogne ;
Il lui fait signe, elle accourt.
Voilà l'Opératrice aussitôt en besogne.
Elle retira l'os puis pour un si bon tour
Elle demanda son salaire.
« Votre salaire ? dit le Loup :
Vous riez, ma bonne Commère.
Quoi ! ce n'est pas encor beaucoup
D'avoir de mon gosier retiré votre cou ?
Allez, vous êtes une ingrate ;
Ne tombez jamais sous ma patte. »

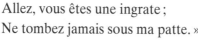

LE LOUP DEVENU BERGER

Un Loup qui commençait d'avoir petite part
        Aux Brebis de son voisinage,
Crut qu'il fallait s'aider de la peau du Renard
        Et faire un nouveau personnage.
Il s'habille en Berger, endosse un Hoqueton,
        Fait sa Houlette d'un bâton,
        Sans oublier la Cornemuse.
        Pour pousser jusqu'au bout la ruse,
Il aurait volontiers écrit sur son chapeau :
« C'est moi qui suis Guillot, berger de ce troupeau. »
        Sa personne étant ainsi faite
Et ses pieds de devant posés sur sa Houlette,
Guillot le sycophante[1] approche doucement.
Guillot, le vrai Guillot, étendu sur l'herbette,
        Dormait alors profondément.
Son Chien dormait aussi, comme aussi sa Musette.
La plupart des Brebis dormaient pareillement.
        L'Hypocrite les laissa faire,
Et pour pouvoir mener vers son fort les Brebis,
Il voulut ajouter la parole aux habits ;
        Chose qu'il croyait nécessaire.
        Mais cela gâta son affaire,

Il ne put du Pasteur contrefaire la voix.
Le ton dont il parla fit retentir les Bois,
        Et découvrit tout le mystère.
        Chacun se réveille à ce son,
        Les Brebis, le Chien, le Garçon.
        Le pauvre Loup, dans cet esclandre,
        Empêché par son Hoqueton,
        Ne put ni fuir ni se défendre.
Toujours par quelque endroit Fourbes se laissent
                                              prendre :
        Quiconque est Loup agisse en Loup ;
        C'est le plus certain de beaucoup.

1. Trompeur

33

LE RENARD ET LE BOUC

Capitaine Renard allait de compagnie
Avec son ami Bouc des plus haut encornés.
Celui-ci ne voyait pas plus loin que son nez ;
L'autre était passé maître en fait de tromperie.
La soif les obligea de descendre en un puits.
    Là chacun d'eux se désaltère.
Après qu'abondamment tous deux en eurent pris,
Le Renard dit au Bouc : « Que ferons-nous, Compère ?
Ce n'est pas tout de boire ; il faut sortir d'ici.
Lève tes pieds en haut, et tes cornes aussi :
Mets-les contre le mur : le long de ton échine
    Je grimperai premièrement ;
    Puis sur tes cornes m'élevant,
    A l'aide de cette machine
    De ce lieu-ci je sortirai,
    Après quoi je t'en tirerai.
– Par ma barbe, dit l'autre, il est bon ; et je loue
    Les gens bien sensés comme toi.
    Je n'aurais jamais, quant à moi,
    Trouvé ce secret, je l'avoue. »
Le Renard sort du puits, laisse son Compagnon,

Et vous lui fait un beau sermon
Pour l'exhorter à patience.
« Si le Ciel t'eût, dit-il, donné par excellence
Autant de jugement que de barbe au menton,
Tu n'aurais pas à la légère
Descendu dans ce puits. Or adieu, j'en suis hors ;
Tâche de t'en tirer, et fais tous tes efforts ;
Car, pour moi, j'ai certaine affaire
Qui ne me permet pas d'arrêter en chemin. »
En toute chose il faut considérer la fin.

LA BELETTE ENTRÉE DANS UN GRENIER

Damoiselle Belette, au corps long et flouët,
Entra dans un Grenier par un trou fort étret :
    Elle sortait de maladie.
    Là, vivant à discrétion,
    La Galande fit chère lie,
    Mangea, rongea ; Dieu sait la vie,
Et le lard qui périt en cette occasion.
    La voilà pour conclusion
    Grasse, maflue, et rebondie.
Au bout de la semaine, ayant dîné son soû,
Elle entend quelque bruit, veut sortir par le trou,
Ne peut plus repasser, et croit s'être méprise.
    Après avoir fait quelques tours,
« C'est, dit-elle, l'endroit, me voilà bien surprise ;
J'ai passé par ici depuis cinq ou six jours. »
    Un Rat qui la voyait en peine
Lui dit : « Vous aviez lors la panse un peu moins pleine :

Vous êtes maigre entrée, il faut maigre sortir.
Ce que je vous dis là, l'on le dit à bien d'autres.
Mais ne confondons point, par trop approfondir,
    Leurs affaires avec les vôtres. »

LE LOUP, LA CHÈVRE ET LE CHEVREAU

La Bique allant remplir sa traînante mamelle
     Et paître l'herbe nouvelle,
     Ferma sa porte au loquet,
     Non sans dire à son Biquet :
     « Gardez-vous sur votre vie
     D'ouvrir, que l'on ne vous die
     Pour enseigne et mot du guet,
     Foin du Loup et de sa race. »
     Comme elle disait ces mots,
     Le Loup de fortune passe :
     Il les recueille à propos,
     Et les garde en sa mémoire.
     La Bique, comme on peut croire,
     N'avait pas vu le Glouton.
Dès qu'il la voit partie, il contrefait son ton ;
     Et d'une voix papelarde
Il demande qu'on ouvre, en disant foin du Loup,
     Et croyant entrer tout d'un coup.
Le Biquet soupçonneux par la fente regarde.
« Montrez-moi patte blanche, ou je n'ouvrirai point »,
S'écria-t-il d'abord (patte blanche est un point

Chez les Loups, comme on sait, rarement en usage).
Celui-ci fort surpris d'entendre ce langage,
Comme il était venu s'en retourna chez soi.
Où serait le Biquet s'il eût ajouté foi
　　Au mot du guet, que de fortune
　　Notre Loup avait entendu ?
　　Deux sûretés valent mieux qu'une ;
Et le trop en cela ne fut jamais perdu.

LE POT DE TERRE ET LE POT DE FER

Le Pot de fer proposa
Au Pot de terre un voyage.
Celui-ci s'en excusa,
Disant qu'il ferait que sage
De garder le coin du feu ;
Car il lui fallait si peu,
Si peu, que la moindre chose
De son débris serait cause.
Il n'en reviendrait morceau.
« Pour vous dit-il, dont la peau
Est plus dure que la mienne,
Je ne vois rien qui vous tienne.
– Nous vous mettrons à couvert,
Repartit le Pot de fer.
Si quelque matière dure
Vous menace d'aventure,
Entre deux je passerai,
Et du coup vous sauverai. »
Cette offre le persuade.
Pot de fer son camarade
Se met droit à ses côtés.
Mes gens s'en vont à trois pieds,

Clopin-clopant comme ils peuvent,
L'un contre l'autre jetés,
Au moindre hoquet qu'ils treuvent,
Le Pot de terre en souffre ; il n'eut pas fait cent pas
Que par son Compagnon il fut mis en éclats,
Sans qu'il eût lieu de se plaindre.
Ne nous associons qu'avecque nos égaux ;
Ou bien il nous faudra craindre
Le destin d'un de ces Pots.

LE PETIT POISSON ET LE PÊCHEUR

Petit poisson deviendra grand,
Pourvu que Dieu lui prête vie.
Mais le lâcher en attendant,
Je tiens pour moi que c'est folie ;
Car de le rattraper il n'est pas trop certain.
Un Carpeau qui n'était encore que Fretin
Fut pris par un Pêcheur au bord d'une rivière.
« Tout fait nombre, dit l'homme en voyant son butin ;
Voilà commencement de chère et de festin ;
Mettons-le en notre gibecière. »
Le pauvre Carpillon lui dit à sa manière :
« Que ferez-vous de moi ? je ne saurais fournir
Au plus qu'une demi-bouchée.
Laissez-moi Carpe devenir :
Je serai par vous repêchée.
Quelque gros Partisan m'achètera bien cher :
Au lieu qu'il vous en faut chercher
Peut-être encor cent de ma taille
Pour faire un plat. Quel plat ? croyez-moi, rien
                                        qui vaille.

– Rien qui vaille eh bien soit, repartit le Pêcheur ;
Poisson mon bel ami, qui faites le Prêcheur,
Vous irez dans la poêle ; et vous avez beau dire ;
    Dès ce soir on vous fera frire. »

Un tien vaut, ce dit-on, mieux que deux tu l'auras,
    L'un est sûr, l'autre ne l'est pas.

LE RENARD AYANT LA QUEUE COUPÉE

Un vieux Renard, mais des plus fins,
Grand croqueur de Poulets, grand preneur de Lapins,
　　Sentant son Renard d'une lieue,
　　Fut enfin au piège attrapé.
　　Par grand hasard en étant échappé ;
Non pas franc, car pour gage il y laissa sa Queue :
S'étant, dis-je, sauvé sans Queue et tout honteux,
Pour avoir des pareils (comme il était habile)
Un jour que les Renards tenaient conseil entre eux :
« Que faisons-nous, dit-il, de ce poids inutile,
Et qui va balayant tous les sentiers fangeux ?
Que nous sert cette Queue ? Il faut qu'on se la coupe,
　　Si l'on me croit, chacun s'y résoudra.
– Votre avis est fort bon, dit quelqu'un de la troupe,
Mais tournez-vous de grâce, et l'on vous répondra. »
A ces mots il se fit une telle huée,
Que le pauvre Écourté ne put être entendu.
Prétendre ôter la Queue eût été temps perdu ;
　　La mode en fut continuée.

44

LE LABOUREUR ET SES ENFANTS

Travaillez, prenez de la peine :
C'est le fonds qui manque le moins.
Un riche laboureur sentant sa mort prochaine
Fit venir ses enfants, leur parla sans témoins.
« Gardez-vous, leur dit-il, de vendre l'héritage
Que nous ont laissé nos parents.
Un trésor est caché dedans.
Je ne sais pas l'endroit ; mais un peu de courage
Vous le fera trouver, vous en viendrez à bout.
Remuez votre champ dès qu'on aura fait l'août.
Creusez, fouillez, bêchez, ne laissez nulle place
Où la main ne passe et repasse. »
Le Père mort, les fils vous retournent le champ
Deçà, delà, partout ; si bien qu'au bout de l'an
Il en rapporta davantage.
D'argent, point de caché. Mais le Père fut sage
De leur montrer avant sa mort
Que le travail est un trésor.

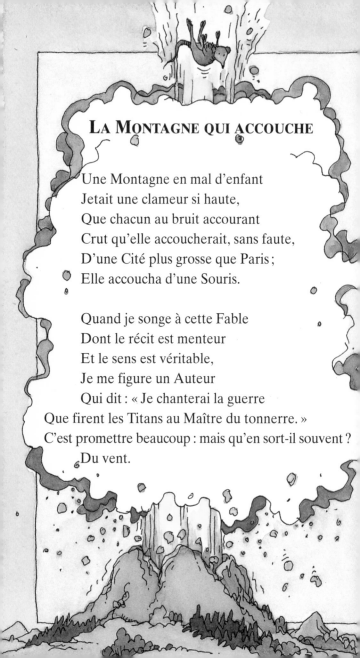

LA MONTAGNE QUI ACCOUCHE

Une Montagne en mal d'enfant
Jetait une clameur si haute,
Que chacun au bruit accourant
Crut qu'elle accoucherait, sans faute,
D'une Cité plus grosse que Paris ;
Elle accoucha d'une Souris.

Quand je songe à cette Fable
Dont le récit est menteur
Et le sens est véritable,
Je me figure un Auteur
Qui dit : « Je chanterai la guerre
Que firent les Titans au Maître du tonnerre. »
C'est promettre beaucoup : mais qu'en sort-il souvent ?
Du vent.

LA POULE AUX ŒUFS D'OR

L'Avarice perd tout en voulant tout gagner.
    Je ne veux pour le témoigner
Que celui dont la Poule, à ce que dit la Fable,
    Pondait tous les jours un œuf d'or.
Il crut que dans son corps elle avait un trésor.
Il la tua, l'ouvrit, et la trouva semblable
A celles dont les œufs ne lui rapportaient rien,
S'étant lui-même ôté le plus beau de son bien.
    Belle leçon pour les gens chiches :
Pendant ces derniers temps combien en a-t-on vus
Qui du soir au matin sont pauvres devenus
    Pour vouloir trop tôt être riches ?

L'OURS ET LES DEUX COMPAGNONS

Deux Compagnons pressés d'argent
A leur voisin Fourreur vendirent
La peau d'un Ours encor vivant,
Mais qu'ils tueraient bientôt, du moins à ce qu'ils dirent.
C'était le Roi des Ours au compte de ces gens.
Le Marchand à sa peau devait faire fortune :
Elle garantirait des froids les plus cuisants ;
On en pourrait fourrer plutôt deux robes qu'une.
Dindenaut prisait moins ses Moutons qu'eux leur Ours :
Leur, à leur compte, et non à celui de la Bête.
S'offrant de la livrer au plus tard dans deux jours,
Ils conviennent de prix, et se mettent en quête ;
Trouvent l'Ours qui s'avance, et vient vers eux au trot.
Voilà mes Gens frappés comme d'un coup de foudre.
Le marché ne tint pas ; il fallut le résoudre :
D'intérêts contre l'Ours, on n'en dit pas un mot.
L'un des deux Compagnons grimpe au faîte d'un arbre ;
L'autre, plus froid que n'est un marbre,
Se couche sur le nez, fait le mort, tient son vent ;
Ayant quelque part ouï dire
Que l'Ours s'acharne peu souvent

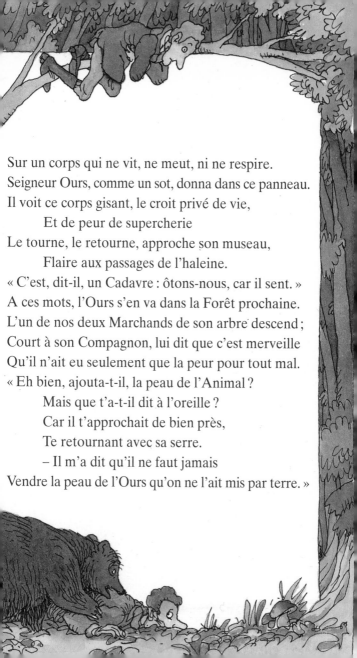

Sur un corps qui ne vit, ne meut, ni ne respire.
Seigneur Ours, comme un sot, donna dans ce panneau.
Il voit ce corps gisant, le croit privé de vie,
    Et de peur de supercherie
Le tourne, le retourne, approche son museau,
    Flaire aux passages de l'haleine.
« C'est, dit-il, un Cadavre : ôtons-nous, car il sent. »
A ces mots, l'Ours s'en va dans la Forêt prochaine.
L'un de nos deux Marchands de son arbre descend ;
Court à son Compagnon, lui dit que c'est merveille
Qu'il n'ait eu seulement que la peur pour tout mal.
« Eh bien, ajouta-t-il, la peau de l'Animal ?
    Mais que t'a-t-il dit à l'oreille ?
    Car il t'approchait de bien près,
    Te retournant avec sa serre.
    – Il m'a dit qu'il ne faut jamais
Vendre la peau de l'Ours qu'on ne l'ait mis par terre. »

L'ANE VÊTU DE LA PEAU DU LION

De la peau du Lion l'Ane s'étant vêtu
Était craint partout à la ronde,
Et bien qu'animal sans vertu,
Il faisait trembler tout le monde.
Un petit bout d'oreille échappé par malheur
Découvrit la fourbe et l'erreur.
Martin fit alors son office.
Ceux qui ne savaient pas la ruse et la malice
S'étonnaient de voir que Martin
Chassât les Lions au moulin.

Force gens font du bruit en France
Par qui cet Apologue est rendu familier.
Un équipage cavalier
Fait les trois quarts de leur vaillance.

LE CHIEN QUI LÂCHE SA PROIE
POUR L'OMBRE

Chacun se trompe ici-bas.
On voit courir après l'ombre
Tant de Fous, qu'on n'en sait pas
La plupart du temps le nombre.

Au Chien dont parle Ésope il faut les renvoyer.
Ce Chien, voyant sa proie en l'eau représentée,
La quitta pour l'image, et pensa se noyer ;
La Rivière devint tout d'un coup agitée.
À toute peine il regagna les bords,
Et n'eut ni l'ombre ni le corps.

51

LE COCHET, LE CHAT, ET LE SOURICEAU

Un Souriceau tout jeune, et qui n'avait rien vu,
    Fut presque pris au dépourvu.
Voici comme il conta l'aventure à sa Mère.
« J'avais franchi les Monts qui bornent cet État,
    Et trottais comme un jeune Rat
    Qui cherche à se donner carrière,
Lorsque deux animaux m'ont arrêté les yeux ;
    L'un doux, bénin et gracieux ;
Et l'autre turbulent, et plein d'inquiétude.
    Il a la voix perçante et rude ;
    Sur la tête un morceau de chair ;
Une sorte de bras dont il s'élève en l'air,
    Comme pour prendre sa volée ;
    La queue en panache étalée. »
Or c'était un Cochet dont notre Souriceau
    Fit à sa mère le tableau,
Comme d'un animal venu de l'Amérique.
« Il se battait, dit-il, les flancs avec ses bras,
    Faisant tel bruit et tel fracas,
Que moi, qui grâce aux Dieux de courage me pique,
    En ai pris la fuite de peur,
    Le maudissant de très bon cœur.

          Sans lui j'aurais fait connaissance
Avec cet Animal qui m'a semblé si doux.
          Il est velouté comme nous,
Marqueté, longue queue, une humble contenance ;
Un modeste regard, et pourtant l'œil luisant :
          Je le crois fort sympathisant
Avec Messieurs les Rats ; car il a des oreilles
          En figure aux nôtres pareilles.
Je l'allais aborder ; quand d'un son plein d'éclat
          L'autre m'a fait prendre la fuite.
– Mon fils, dit la Souris, ce doucet est un Chat,
          Qui sous son minois hypocrite
          Contre toute ta parenté
          D'un malin vouloir est porté.
          L'autre animal tout au contraire
          Bien éloigné de nous mal faire,
Servira quelque jour peut-être à nos repas.
Quant au Chat, c'est sur nous qu'il fonde sa cuisine.
          Garde-toi, tant que tu vivras,
          De juger des gens sur la mine. »

LE LIÈVRE ET LA TORTUE

Rien ne sert de courir ; il faut partir à point.
Le Lièvre et la Tortue en sont un témoignage.
« Gageons, dit celle-ci, que vous n'atteindrez point
Si tôt que moi ce but. – Si tôt ? êtes-vous sage ?
      Repartit l'Animal léger.
      Ma Commère, il vous faut purger
      Avec quatre grains d'ellébore.
      – Sage ou non, je parie encor. »
      Ainsi fut fait : et de tous deux
      On mit près du but les enjeux.
      Savoir quoi, ce n'est pas l'affaire ;
      Ni de quel juge l'on convint.
Notre Lièvre n'avait que quatre pas à faire ;
J'entends de ceux qu'il fait lorsque prêt d'être atteint
Il s'éloigne des Chiens, les renvoie aux Calendes,
      Et leur fait arpenter les landes.
      Ayant, dis-je, du temps de reste pour brouter,
      Pour dormir, et pour écouter
      D'où vient le vent, il laisse la Tortue
      Aller son train de Sénateur.
      Elle part, elle s'évertue ;

Elle se hâte avec lenteur.
Lui cependant méprise une telle victoire ;
Tient la gageure à peu de gloire ;
Croit qu'il y va de son honneur
De partir tard. Il broute, il se repose,
Il s'amuse à toute autre chose
Qu'à la gageure. A la fin quand il vit
Que l'autre touchait presque au bout de la carrière,
Il partit comme un trait ; mais les élans qu'il fit
Furent vains ; la Tortue arriva la première.
« Hé bien, lui cria-t-elle, avais-je pas raison ?
De quoi vous sert votre vitesse ?
Moi l'emporter ! et que serait-ce
Si vous portiez une maison ? »

LE CHEVAL ET L'ANE

En ce monde il se faut l'un l'autre secourir.
    Si ton Voisin vient à mourir,
    C'est sur toi que le fardeau tombe.
Un Ane accompagnait un Cheval peu courtois,
Celui-ci ne portant que son simple harnois,
Et le pauvre Baudet si chargé qu'il succombe.
Il pria le Cheval de l'aider quelque peu :
Autrement il mourrait devant qu'être à la ville.
« La prière, dit-il, n'en est pas incivile :
Moitié de ce fardeau ne vous sera que jeu. »
Le Cheval refusa, fit une pétarade ;
Tant qu'il vit sous le faix mourir son Camarade,
    Et reconnut qu'il avait tort.
    Du Baudet, en cette aventure,
    On lui fit porter la voiture,
    Et la peau par-dessus encor.

LA LAITIÈRE ET LE POT AU LAIT

Perrette sur sa tête ayant un Pot au lait
     Bien posé sur un coussinet,
Prétendait arriver sans encombre à la ville.
Légère et court vêtue elle allait à grands pas,
Ayant mis ce jour-là pour être plus agile
     Cotillon simple, et souliers plats.
     Notre Laitière ainsi troussée
     Comptait déjà dans sa pensée
Tout le prix de son lait, en employait l'argent,
Achetait un cent d'œufs, faisait triple couvée ;
La chose allait à bien par son soin diligent.
     « Il m'est, disait-elle, facile

D'élever des poulets autour de ma maison :
    Le Renard sera bien habile,
S'il ne m'en laisse assez pour avoir un cochon.
Le porc à s'engraisser coûtera peu de son ;
Il était quand je l'eus de grosseur raisonnable ;
J'aurai le revendant de l'argent bel et bon ;
Et qui m'empêchera de mettre en notre étable,
Vu le prix dont il est, une vache et son veau,
Que je verrai sauter au milieu du troupeau ? »

Perrette là-dessus saute aussi, transportée.

Le lait tombe ; adieu veau, vache, cochon, couvée ;

La Dame de ces biens, quittant d'un œil marri

Sa fortune ainsi répandue,

Va s'excuser à son mari

En grand danger d'être battue.

Le récit en farce en fut fait ;

On l'appela le Pot au lait.

LES ANIMAUX MALADES DE LA PESTE

Un mal qui répand la terreur,
Mal que le Ciel en sa fureur
Inventa pour punir les crimes de la terre,
La Peste (puisqu'il faut l'appeler par son nom)
Capable d'enrichir en un jour l'Achéron,
Faisait aux animaux la guerre.
Ils ne mouraient pas tous, mais tous étaient frappés :
On n'en voyait point d'occupés
A chercher le soutien d'une mourante vie ;
Nul mets n'excitait leur envie ;
Ni Loups ni Renards n'épiaient
La douce et l'innocente proie.
Les Tourterelles se fuyaient ;
Plus d'amour, partant plus de joie.
Le Lion tint conseil, et dit : « Mes chers amis,
Je crois que le Ciel a permis
Pour nos péchés cette infortune ;
Que le plus coupable de nous
Se sacrifie aux traits du céleste courroux,
Peut-être il obtiendra la guérison commune.
L'histoire nous apprend qu'en de tels accidents

On fait de pareils dévouements :
Ne nous flattons donc point, voyons sans indulgence
        L'état de notre conscience.
Pour moi, satisfaisant mes appétits gloutons
        J'ai dévoré force moutons ;
        Que m'avaient-ils fait ? nulle offense :
Même il m'est arrivé quelquefois de manger
        Le Berger.
Je me dévouerai donc, s'il le faut ; mais je pense
Qu'il est bon que chacun s'accuse ainsi que moi
Car on doit souhaiter selon toute justice
        Que le plus coupable périsse.
– Sire, dit le Renard, vous êtes trop bon Roi ;
Vos scrupules font voir trop de délicatesse ;
Eh bien, manger moutons, canaille, sotte espèce,
Est-ce un péché ? Non non. Vous leur fîtes Seigneur
        En les croquant beaucoup d'honneur.
        Et quant au Berger, l'on peut dire
        Qu'il était digne de tous maux,
Étant de ces gens-là qui sur les animaux
        Se font un chimérique empire. »

Ainsi dit le Renard, et flatteurs d'applaudir.
        On n'osa trop approfondir
Du Tigre, ni de l'Ours, ni des autres puissances
        Les moins pardonnables offenses.
Tous les gens querelleurs, jusqu'aux simples mâtins,
Au dire de chacun, étaient de petits saints.
L'Ane vint à son tour et dit : « J'ai souvenance
        Qu'en un pré de Moines passant,
La faim, l'occasion, l'herbe tendre, et je pense
        Quelque diable aussi me poussant,
Je tondis de ce pré la largeur de ma langue.
Je n'en avais nul droit, puisqu'il faut parler net. »
A ces mots on cria haro sur le baudet.
Un Loup quelque peu clerc prouva par sa harangue
Qu'il fallait dévouer ce maudit animal,
Ce pelé, ce galeux, d'où venait tout leur mal.

Sa peccadille fut jugée un cas pendable.
Manger l'herbe d'autrui ! quel crime abominable !

Rien que la mort n'était capable
D'expier son forfait : on le lui fit bien voir.

Selon que vous serez puissant ou misérable,
Les jugements de Cour vous rendront blanc ou noir.

LE HÉRON

Un jour sur ses longs pieds allait je ne sais où,
Le Héron au long bec emmanché d'un long cou.
     Il côtoyait une rivière.
L'onde était transparente ainsi qu'aux plus beaux jours ;
Ma commère la carpe y faisait mille tours
     Avec le brochet son compère.
Le Héron en eût fait aisément son profit :
Tous approchaient du bord, l'oiseau n'avait qu'à
                             prendre ;
     Mais il crut mieux faire d'attendre
     Qu'il eût un peu plus d'appétit.
Il vivait de régime, et mangeait à ses heures.
Après quelques moments l'appétit vint ; l'oiseau
     S'approchant du bord vit sur l'eau
Des Tanches qui sortaient du fond de ces demeures.
Le mets ne lui plut pas ; il s'attendait à mieux
     Et montrait un goût dédaigneux
     Comme le rat du bon Horace.
« Moi, des Tanches ? dit-il, moi Héron que je fasse
Une si pauvre chère ? et pour qui me prend-on ? »
La Tanche rebutée il trouva du goujon.
« Du Goujon ! c'est bien là le dîner d'un Héron !

J'ouvrirais pour si peu le bec ! aux Dieux ne plaise ! »
Il l'ouvrit pour bien moins : tout alla de façon
     Qu'il ne vit plus aucun poisson.

La faim le prit ; il fut tout heureux et tout aise
     De rencontrer un Limaçon.
     Ne soyons pas si difficiles :
Les plus accommodants, ce sont les plus habiles :
On hasarde de perdre en voulant trop gagner.
Gardez-vous de rien dédaigner ;
Surtout quand vous avez à peu près votre compte.
Bien des gens y sont pris ; ce n'est pas aux Hérons
Que je parle ; écoutez, humains, un autre conte ;
Vous verrez que chez vous j'ai puisé ces leçons.

LE COCHE ET LA MOUCHE

Dans un chemin montant, sablonneux, malaisé,
Et de tous les côtés au Soleil exposé,
     Six forts chevaux tiraient un Coche.
Femmes, Moine, vieillards, tout était descendu.
L'attelage suait, soufflait, était rendu.
Une Mouche survient, et des chevaux s'approche ;
Prétend les animer par son bourdonnement ;
Pique l'un, pique l'autre, et pense à tout moment
     Qu'elle fait aller la machine,
S'assied sur le timon, sur le nez du Cocher ;
     Aussitôt que le char chemine,
     Et qu'elle voit les gens marcher,
Elle s'en attribue uniquement la gloire ;
Va, vient, fait l'empressée ; il semble que ce soit
Un Sergent de bataille allant en chaque endroit
Faire avancer ses gens, et hâter la victoire.
     La Mouche en ce commun besoin
Se plaint qu'elle agit seule, et qu'elle a tout le soin ;
Qu'aucun n'aide aux chevaux à se tirer d'affaire.
     Le Moine disait son Bréviaire ;
Il prenait bien son temps ! une femme chantait ;
C'était bien de chansons qu'alors il s'agissait !

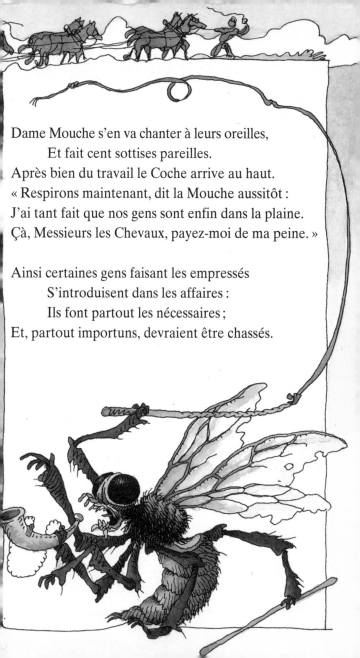

Dame Mouche s'en va chanter à leurs oreilles,
        Et fait cent sottises pareilles.
Après bien du travail le Coche arrive au haut.
« Respirons maintenant, dit la Mouche aussitôt :
J'ai tant fait que nos gens sont enfin dans la plaine.
Çà, Messieurs les Chevaux, payez-moi de ma peine. »

Ainsi certaines gens faisant les empressés
        S'introduisent dans les affaires :
        Ils font partout les nécessaires ;
Et, partout importuns, devraient être chassés.

LE RENARD ET LES RAISINS

Certain Renard gascon, d'autres disent normand,
Mourant presque de faim, vit au haut d'une treille
    Des Raisins mûrs apparemment
    Et couverts d'une peau vermeille.
    Le Galant en eût fait volontiers un repas ;
    Mais comme il n'y pouvait atteindre :
« Ils sont trop verts, dit-il, et bons pour des Goujats. »
    Fit-il pas mieux que de se plaindre ?

LE CHAT, LA BELETTE, ET LE PETIT LAPIN

Du palais d'un jeune Lapin
Dame Belette un beau matin
S'empara ; c'est une rusée.
Le Maître étant absent, ce lui fut chose aisée.
Elle porta chez lui ses pénates un jour
Qu'il était allé faire à l'Aurore sa cour,
Parmi le thym et la rosée.
Après qu'il eut brouté, trotté, fait tous ses tours,
Janot Lapin retourne aux souterrains séjours.
La Belette avait mis le nez à la fenêtre.
« Ô Dieux hospitaliers, que vois-je ici paraître ?
Dit l'animal chassé du paternel logis :
Ô là, Madame la Belette,
Que l'on déloge sans trompette,
Ou je vais avertir tous les rats du pays. »
La Dame au nez pointu répondit que la terre
Était au premier occupant.
C'était un beau sujet de guerre
Qu'un logis où lui-même il n'entrait qu'en rampant.

« Et quand ce serait un Royaume
Je voudrais bien savoir, dit-elle, quelle loi
          En a pour toujours fait l'octroi
A Jean, fils ou neveu de Pierre ou de Guillaume,
          Plutôt qu'à Paul, plutôt qu'à moi. »
Jean Lapin allégua la coutume et l'usage.
« Ce sont, dit-il, leurs lois qui m'ont de ce logis
Rendu maître et seigneur, et qui de père en fils,
L'ont de Pierre à Simon, puis à moi Jean transmis.
Le premier occupant est-ce une loi plus sage ?
          – Or bien sans crier davantage,
Rapportons-nous, dit-elle, à Raminagrobis. »
C'était un chat vivant comme un dévot ermite,
          Un chat faisant la chattemite,
Un saint homme de chat, bien fourré, gros et gras,
          Arbitre expert sur tous les cas.
          Jean Lapin pour juge l'agrée.
          Les voilà tous deux arrivés.
          Devant sa majesté fourrée.
Grippeminaud leur dit : « Mes enfants, approchez,
Approchez ; je suis sourd ; les ans en sont la cause. »
L'un et l'autre approcha ne craignant nulle chose.
Aussitôt qu'à portée il vit les contestants,
          Grippeminaud le bon apôtre,

Jetant des deux côtés la griffe en même temps,
Mit les plaideurs d'accord en croquant l'un et l'autre.

Ceci ressemble fort aux débats qu'ont parfois
Les petits souverains se rapportant aux Rois.

LE SAVETIER ET LE FINANCIER

Un Savetier chantait du matin jusqu'au soir :
  C'était merveilles de le voir,
Merveilles de l'ouïr ; il faisait des passages,
  Plus content qu'aucun des sept sages.
Son voisin au contraire, étant tout cousu d'or,
  Chantait peu, dormait moins encor.
  C'était un homme de finance.
Si sur le point du jour parfois il sommeillait,
Le Savetier alors en chantant l'éveillait,
  Et le Financier se plaignait,
  Que les soins de la Providence
N'eussent pas au marché fait vendre le dormir,
  Comme le manger et le boire.
  En son hôtel il fait venir
Le chanteur, et lui dit : « Or ça, sire Grégoire,
Que gagnez-vous par an ? – Par an ? ma foi Monsieur,
  Dit avec un ton de rieur,
Le gaillard Savetier, ce n'est point ma manière
De compter de la sorte ; et je n'entasse guère
  Un jour sur l'autre : il suffit qu'à la fin
  J'attrape le bout de l'année :
  Chaque jour amène son pain.

– Eh bien que gagnez-vous, dites-moi, par journée ?
– Tantôt plus, tantôt moins : le mal est que toujours
(Et sans cela nos gains seraient assez honnêtes),
Le mal est que dans l'an s'entremêlent des jours
Qu'il faut chommer ; on nous ruine en Fêtes.
L'une fait tort à l'autre ; et Monsieur le Curé
De quelque nouveau Saint charge toujours son prône. »
     Le Financier, riant de sa naïveté,
Lui dit : « Je vous veux mettre aujourd'hui sur le trône.
Prenez ces cent écus : gardez-les avec soin,
     Pour vous en servir au besoin. »
Le Savetier crut voir tout l'argent que la terre
     Avait depuis plus de cent ans
     Produit pour l'usage des gens.
Il retourne chez lui ; dans sa cave il enserre
     L'argent et sa joie à la fois.
     Plus de chant ; il perdit la voix
Du moment qu'il gagna ce qui cause nos peines.
     Le sommeil quitta son logis,
     Il eut pour hôtes les soucis,
     Les soupçons, les alarmes vaines.
Tout le jour il avait l'œil au guet ; et la nuit,
     Si quelque chat faisait du bruit,
Le chat prenait l'argent : à la fin le pauvre homme
S'en courut chez celui qu'il ne réveillait plus.
« Rendez-moi, lui dit-il, mes chansons et mon somme,
     Et reprenez vos cent écus. »

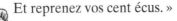

L'Huître et les Plaideurs

Un jour deux Pèlerins sur le sable rencontrent
Une Huître que le flot y venait d'apporter :
Ils l'avalent des yeux, du doigt ils se la montrent ;
A l'égard de la dent il fallut contester.
L'un se baissait déjà pour amasser la proie ;
L'autre le pousse, et dit : « Il est bon de savoir
      Qui de nous en aura la joie.
Celui qui le premier a pu l'apercevoir
En sera le gobeur ; l'autre le verra faire.
      – Si par là l'on juge l'affaire,
Reprit son compagnon, j'ai l'œil bon, Dieu merci.
      – Je ne l'ai pas mauvais aussi,
Dit l'autre, et je l'ai vue avant vous sur ma vie.
– Eh bien ! vous l'avez vue, et moi je l'ai sentie. »
      Pendant tout ce bel incident,
Perrin Dandin arrive : ils le prennent pour juge.
Perrin fort gravement ouvre l'Huître, et la gruge,
      Nos deux Messieurs le regardant.

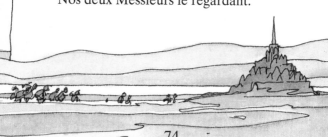

74

Ce repas fait, il dit d'un ton de Président :
« Tenez, la Cour vous donne à chacun un[e] écaille
Sans dépens, et qu'en paix chacun chez soi s'en aille.
Mettez ce qu'il en coûte à plaider aujourd'hui ;
Comptez ce qu'il en reste à beaucoup de familles ;
Vous verrez que Perrin tire l'argent à lui,
Et ne laisse aux plaideurs que le sac et les quilles.

LE SINGE ET LE CHAT

Bertrand avec Raton, l'un Singe, et l'autre Chat,
Commensaux d'un logis, avaient un commun Maître.
D'animaux malfaisants c'était un très bon plat ;
Ils n'y craignaient tous deux aucun, quel qu'il pût être.
Trouvait-on quelque chose au logis de gâté ?
L'on ne s'en prenait point aux gens du voisinage.
Bertrand dérobait tout ; Raton de son côté
Était moins attentif aux souris qu'au fromage.
Un jour au coin du feu nos deux maîtres fripons
     Regardaient rôtir des marrons ;
Les escroquer était une très bonne affaire :
Nos galants y voyaient double profit à faire,
Leur bien premièrement, et puis le mal d'autrui.
Bertrand dit à Raton : « Frère, il faut aujourd'hui
     Que tu fasses un coup de maître.
Tire-moi ces marrons ; si Dieu m'avait fait naître
     Propre à tirer marrons du feu,
     Certes marrons verraient beau jeu. »
Aussitôt fait que dit : Raton avec sa patte,
     D'une manière délicate,
Écarte un peu la cendre, et retire les doigts ;

Puis les reporte à plusieurs fois ;
Tire un marron, puis deux, et puis trois en escroque.
    Et cependant Bertrand les croque.
Une servante vient : adieu mes gens. Raton
    N'était pas content, ce dit-on.

Aussi ne le sont pas la plupart de ces Princes
    Qui, flattés d'un pareil emploi,
    Vont s'échauder en des Provinces,
    Pour le profit de quelque Roi.

LES DEUX CHÈVRES

Dès que les Chèvres ont brouté,
      Certain esprit de liberté
Leur fait chercher fortune ; elles vont en voyage
      Vers les endroits du pâturage
      Les moins fréquentés des humains.
Là s'il est quelque lieu sans route et sans chemins,
Un rocher, quelque mont pendant en précipices,
C'est où ces Dames vont promener leurs caprices ;
Rien ne peut arrêter cet animal grimpant.
      Deux Chèvres donc s'émancipant,
      Toutes deux ayant patte blanche,
Quittèrent les bas prés, chacune de sa part.
L'une vers l'autre allait pour quelque bon hasard.
Un ruisseau se rencontre, et pour pont une planche ;
Deux Belettes à peine auraient passé de front
      Sur ce pont :
D'ailleurs, l'onde rapide et le ruisseau profond
Devaient faire trembler de peur ces Amazones.
Malgré tant de dangers, l'une de ces personnes
Pose un pied sur la planche, et l'autre en fait autant.
Je m'imagine voir avec Louis le Grand,

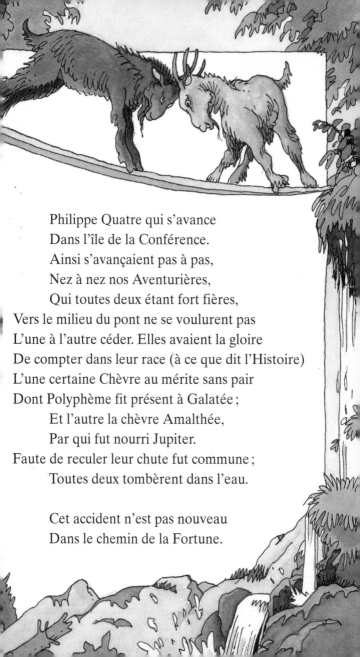

Philippe Quatre qui s'avance
Dans l'île de la Conférence.
Ainsi s'avançaient pas à pas,
Nez à nez nos Aventurières,
Qui toutes deux étant fort fières,
Vers le milieu du pont ne se voulurent pas
L'une à l'autre céder. Elles avaient la gloire
De compter dans leur race (à ce que dit l'Histoire)
L'une certaine Chèvre au mérite sans pair
Dont Polyphème fit présent à Galatée ;
Et l'autre la chèvre Amalthée,
Par qui fut nourri Jupiter.
Faute de reculer leur chute fut commune ;
Toutes deux tombèrent dans l'eau.

Cet accident n'est pas nouveau
Dans le chemin de la Fortune.

LE VIEUX CHAT ET LA JEUNE SOURIS

Une jeune Souris de peu d'expérience
Crut fléchir un vieux Chat implorant sa clémence,
Et payant de raisons le Raminagrobis :
        « Laissez-moi vivre ; une Souris
        De ma taille et de ma dépense
        Est-elle à charge en ce logis ?
        Affamerais-je, à votre avis,
        L'Hôte et l'Hôtesse, et tout leur monde ?
        D'un grain de blé je me nourris ;
        Une noix me rend toute ronde.
A présent je suis maigre ; attendez quelque temps ;
Réservez ce repas à messieurs vos Enfants. »
Ainsi parlait au Chat la Souris attrapée.
        L'autre lui dit : « Tu t'es trompée.
Est-ce à moi que l'on tient de semblables discours ?
Tu gagnerais autant de parler à des sourds.
Chat et vieux pardonner ? cela n'arrive guères.
        Selon ces lois, descends là-bas,
        Meurs, et va-t'en, tout de ce pas,
        Haranguer les sœurs Filandières.
Mes Enfants trouveront assez d'autres repas. »
        Il tint parole ; et, pour ma Fable,

Voici le sens moral qui peut y convenir :
La jeunesse se flatte, et croit tout obtenir.
La vieillesse est impitoyable.

TABLE ALPHABÉTIQUE DES FABLES

Les Sabatier et les Financiers

Sabatier c'est le nom occitan du cordonnier.
Du temps de La Fontaine on disait encore savetier
pour cordonnier.
Roland, qui a dessiné les illustrations
de ce recueil, est un descendant direct
du savetier dont il est question page 72.
Son épouse, **Claudine**, réalise les couleurs
de ses dessins. Tout au long de la semaine
ils s'amusent ainsi à illustrer des contes
et des fables. Le dimanche matin ils passent chez
le pâtissier où, grâce au revenu de leur industrie,
ils s'offrent chacun un financier !

Fables
de
La Fontaine

Supplément illustré

Test

La Fontaine fait preuve dans ses fables d'une grande finesse d'observation. Et toi, comment réagis-tu devant le comportement des autres ? Pour le savoir, choisis pour chaque question la réponse que tu préfères et reporte-toi ensuite à la page des solutions. *(Réponses page 95)*

1 Un nouveau arrive dans ta classe en cours d'année :
▲ Tu l'accueilles chaleureusement
● Tu l'observes attentivement
■ Tu l'ignores superbement

2 On t'offre le dernier compact d'un groupe à la mode :
■ Tu l'écouteras quand tu auras le temps
● Tu te méfies de ces groupes qui ne durent pas
▲ Tu es ravi, tu ne le connaissais pas

3 Si on te parle en verlan (à l'envers) :
● Tu demandes la traduction
▲ Tu réponds en verlan
■ Tu réponds normalement

4 Les informations à la télévision :

▲ T'aident à t'ouvrir sur le monde

● Ne sont pas fiables

■ Te laissent indifférent

5 Journaliste, tu ferais un reportage sur :

■ Les animaux

● Les grands problèmes comme le chômage ou la pauvreté

▲ Les gens exceptionnels

6 On te propose de participer à une émission de radio :

■ Tu refuses car tu n'as rien à dire

● Tu te renseignes sur ce qu'on attend de toi

▲ Tu te présentes, prêt à tout

7 Une discussion entre deux copains éclate devant toi :

▲ Tu tentes de comprendre et de leur faire entendre raison

■ Tu t'amuses à les écouter

● Tu t'éloignes rapidement

8 Tu n'aimes pas les gens qui :

■ Se mêlent de tes affaires

▲ Râlent à tout propos

● Rient de tout

Informations

■ Racontez-nous monsieur de La Fontaine

Je suis né en 1621, en pays de Brie, dans la ville de Château-Thierry.

Mon père, Charles de La Fontaine, était maître des Eaux et Forêts et capitaine des Chasses.

A seize ans je partis pour Paris afin de compléter mes études. J'eus la tentation de me destiner à la vie religieuse mais mon père m'en dissuada. Il souhaitait voir son fils aîné reprendre son métier et s'intéresser à la poésie. Mon père avait, en effet, la passion des vers et il m'encouragea à m'y essayer. Je fréquentai beaucoup de jeunes poètes tout en étudiant le droit. J'épousai bientôt une jeune fille de quatorze ans qui me donna un fils, Charles, quelques années plus tard. Je décidai alors de succéder à mon père. La charge était sûre et me fit pénétrer dans le monde de la forêt. J'occupai mon temps à lire de la poésie. Marot, Malherbe et bien d'autres m'apprirent beaucoup.

En 1658 je devins l'un des protégés de Fouquet, qui était le ministre des Finances du roi Louis XIV

et l'homme le plus riche de
France. Il aimait régner à la façon d'un souverain
au milieu d'une cour plus brillante que celle du
roi, mais surtout s'entourer d'artistes comme mes
amis Boileau, Racine et Molière.
Dans ce milieu si raffiné, j'eus vite fait d'oublier
les responsabilités que j'avais envers ma famille
restée dans ma ville natale. Je pouvais observer la
société et passais tout mon temps à rédiger des
poèmes. En contrepartie des œuvres que je livrais
une fois par trimestre à mon mécène, celui-ci me
délivrait de tout souci financier. Mais Fouquet fut
accusé de s'être enrichi malhonnêtement et fut
mis en prison. Sa chute entraîna celle de tous ses
protégés. Je dus alors accepter une charge de
gentilhomme servant chez la duchesse d'Orléans.
Il s'agissait en fait de la servir à
table. Cela avait au moins le
mérite de m'assurer le gîte et le
couvert ! C'est à cette époque que je commençai à
travailler les fables. Le 31 mars 1668, un recueil
de vingt-six fables dédié à Louis de Bourbon,
dauphin de France, fut publié.

■ **Qu'est-ce qu'une fable ?** ▬▬▬▬

La fable est née en Orient. C'est une petite
histoire qui porte une leçon. Le grec Ésope,
quelques siècles avant J.-C., adapta ces fables à

l'esprit de son temps. La fable d'Ésope n'était pas écrite en vers et c'est avec l'écrivain latin Phèdre qu'elle se laissa gagner par l'écriture poétique. Il s'agit d'y faire parler les hommes, les animaux, l'univers, avec des « voix » différentes pour mieux rendre compte des divers avis. Chaque poète compose la fable avec les manières de son siècle. On m'accusera peut-être d'avoir copié Ésope ou Phèdre. S'il est vrai que je n'ai inventé qu'une douzaine d'intrigues sur l'ensemble de toutes mes fables, il faut chercher ailleurs les traces de mon imagination. La façon d'écrire, la manière de mener récits et dialogues, mon sens de la rime, suffisent à reconnaître mon talent. La fable était un genre modeste qui n'intéressait que les amuseurs des salons où l'on trouvait très spirituel de deviner quels personnages se cachaient derrière les animaux. Je décidai de lui rendre toute sa noblesse. Les longs ouvrages ne m'allaient pas. La diversité des fables me convenait : il fallait construire le décor, choisir les personnages, le ton, le style, la morale. Au siècle de Louis XIV on n'écrivait pas ce qu'on voulait mais, à travers elles, j'ai pu critiquer la sottise, l'injustice, les erreurs du pouvoir, sans qu'on puisse vraiment

m'en accuser. Le personnage du lion rappelait
le roi ? J'affirmais que ce n'était qu'une fable !
Personne n'était dupe et j'en composais alors
une autre où l'on pouvait entendre des
compliments sur le souverain. A la parution
de mes fables, je fus reçu par Louis XIV qui
avait alors trente ans. Il sembla
apprécier mon œuvre et me remit
mille pistoles. J'étais tellement
distrait que je les oubliai dans un
fiacre ! J'étais souvent dans les
nuages, ce qui nuisit fortement à
mes affaires qui ne cessèrent de se
dégrader. Heureusement, les fables
eurent tout de suite beaucoup de
succès. Ma compagnie fut recherchée
dans les salons. Ma vie se termina à l'âge de
soixante-quatorze ans. Ces fables m'ont assuré
aussi la célébrité posthume pourtant, elles ne
représentent même pas le cinquième de mon
œuvre. J'ai travaillé le conte, le roman, la comédie,
le ballet, la tragédie, le livret d'opéra, les
traductions et j'en oublie encore. Seules les fables
sont encore récitées par les enfants des écoles. Il
faut croire qu'elles en valent la peine.

Jeux

■ Promenade dans les fables ■

As-tu bien compris les fables ? Pour le savoir, voici quelques affirmations concernant les plus célèbres. Entoure les lettres correspondant aux réponses que tu choisis. Si tu ne t'es pas trompé, tu formeras un nom qui désigne Jean de La Fontaine.

(Réponses pages 96)

Dans *La Cigale et la Fourmi* :
t. La fourmi implore la cigale de lui prêter du grain
f. La cigale implore la fourmi de lui prêter du grain

Dans *Le Chêne et le Roseau* :
o. Le roseau se plaint d'être si peu résistant
a. Le chêne plaint le roseau d'être si peu gâté par la nature

Dans *Le Corbeau et le Renard* :
b. C'est le corbeau qui est le phénix des hôtes de ces bois
c. C'est le renard qui est le phénix des hôtes de ces bois

92

Dans *La Laitière et le Pot au lait* :
a. Perrette fait tomber son lait en trébuchant
u. Perrette fait tomber son lait en sautant comme une vache et son veau

Dans *Le Lièvre et la Tortue* :
l. On ne connaît pas les enjeux de la course
u. On mit quatre grains d'ellébore comme enjeux

Dans *Le Loup et l'Agneau* :
i. L'agneau se désaltère dans le courant en dessous du loup
o. Le loup se désaltère dans le courant en dessous de l'agneau

Dans *Le Loup et le Chien* :
e. Le loup propose au chien de le suivre
s. Le chien propose au loup de le suivre

Dans *Le Héron* :
t. Le héron néglige la carpe et le brochet car il n'a pas encore très faim
s. Le héron néglige la carpe et le brochet car il pense trouver mieux

Dans *Le Cochet, le Chat et le Souriceau* :

e. Le cochet est un jeune coq qui cherche à faire fuir le souriceau

a. Le cochet est un jeune homme qui cherche à attraper le souriceau

■ Des animaux pleins de qualités et de défauts

Les animaux des fables ont une personnalité bien affirmée. Chacun se voit attribuer par La Fontaine une qualité ou un défaut qui le caractérise.

Sauras-tu rendre à chacun ce qui lui correspond ? *(Réponses page 96)*

a. Le lion	**1.** La vanité
b. Le chat	**2.** Le rêve
c. La cigale	**3.** La méchanceté, la cruauté
d. La fourmi	**4.** La tendresse
e. La grenouille	**5.** La majesté
f. L'hirondelle	**6.** La tromperie
g. Le loup	**7.** Le gaspillage
h. Le pigeon	**8.** L'économie